Besser Leben

Band 1

Traumwagen
zum
Einkaufspreis?

KD Witzel

Traumwagen zum Einkaufspreis?

Die 7 Tipps, wie Sie zu Ihrem

Traumwagen kommen - und dabei

bis zu 40% vom Listenpreis sparen

INHALTSVERZEICHNIS

Einleitung

Für den Löwenanteil der Bevölkerung ist das Wort Traumauto mit dem Begriff Traum gleichzusetzen. Und Träume sind auch so nur Schäume, die den Träumer auf Irrwege lenken. Gerade bei einem Luxusobjekt wie dem Auto ist das so. Ist das Auto aber tatsächlich ein Luxusobjekt? Für die meisten Berufstätigen ist es schlicht und ergreifend ein Muss, ein Gegenstand des Nutzens. Wollen Sie aber deswegen ein altes, baufälliges Vehikel. Wäre es nicht schöner, den Nutzen mit dem Angenehmen zu verbinden. Beim Kauf eines Traumautos kann das durchaus Realität werden, denn der Listenpreis ist nur ein Verhandlungspreis. Diese Etikettierungen werden oft willkürlich festgelegt, ohne zu wissen wie die eigentliche Nachfrage aussehen wird.

Daher ist es ja auch ein so beliebtes Vorgehen, den Preis mittels cleverer Verhandlungsstrategien zu dämpfen. Auf diese 2.000 bis 3.000 Euro können die wenigsten lächelnd verzichten.

Was wäre also, wenn man Ihnen sagen würde, dass es verschiedene Mittel und Wege gibt, nicht annähernd so viel zu bezahlen bzw. nur niedrige Monatszahlungen zu begrenzten Zeiträumen? Und was würden Sie entgegnen, wenn Ihnen jemand versprechen könnte, dass so ein Listenpreis mit weiteren Mitteln um bis zu sagenhaften 40 Prozent reduziert werden kann. Zugegeben, das ist ein sehr abstrakte Zahl.

Stellen Sie sich einfach vor, Ihr Traumauto kostet offiziell 20.000 Euro, also das Jahreseinkommen nicht weniger Bürger. Und dann wenden Sie eine der folgenden Methoden an und bezahlen am Ende gerade mal 12.000 Euro. Das klingt toll und ist möglich. Die 7 Tipps in diesem Buch zeigen auf, wie ein raffinierter Autokauf Steuern spart und überflüssiger Geldschneiderei aus dem Weg geht.

Mit diesem Buch werden Sie zum smarten Autokäufer, der sich seine Träume selbst erfüllt, ohne von unermesslichen Krediten irgendeines Autohauses in den Ruin getrieben zu werden.

Dabei werden Ihnen stets Vor- und Nachteile präsentiert werden. Aber lassen Sie sich von den eventuellen Nachteilen nicht abschrecken. Das Wissen um verborgene Risiken trägt zu ihrer Verhinderung bei.

Autor KD Witzel

1. Leasing

1.1 Haben ohne zu besitzen

"Leasing eines mobilen Investitionsgutes". Diese ökonomische Phrase könnte Ihr Traumauto beschreiben, denn Leasing ist wohl eine der bekanntesten Methoden, sein Traumauto zu fahren, ohne horrende Preise zu bezahlen. Dabei haben wir es hier eigentlich in keiner Weise mit einem Kauf zu tun. Zivilrechtlich richtig formuliert sprechen wir hier von einem Nutzungsüberlassungsvertrag. Diese umständliche Formulierung meint eine Finanzierungsalternative, bei der ein Leasinggeber ein Leasingobjekt, also zum Beispiel ein Auto, für Sie beschafft. Sie sind dann der Leasingnehmer und nutzen das Objekt gegen eine stabile Leasingrate in einem festgesetzten Leasingzeitraum.

Hier gibt es augenscheinliche Parallelen zu einem Mietvertrag. Aber da Sie beim Leasing die Verantwortung für das Fahrzeug haben, also selbst gewährleisten müssen, dass Reparaturen bei Schäden durchgeführt werden und mit dem PKW verantwortungsvoll umgegangen werden muss, können die Leasingraten jedoch niedriger ausfallen, als bei einer Abbezahlung von Kauf- oder Mietraten. Aber da wir von Ihrem Traumauto sprechen, ist wohl davon aus zugehen, dass Sie das Fahrzeug gut behandeln werden.

Ökonomen und Juristen waren stets sehr vorsichtig, wenn es darum ging Leasing genau zu definieren. Aber zwischen 1971 und 1992 verabschiedete die Bundesregierung 4 Leasingerlasse, die genau dies versuchten. Zwei dieser Erlasse, befassen sich mit dem Leasen von Mobilien, also beweglichen Gütern wie Autos und LKWs. Dabei handelt es sich um den Teilmortisationserlass und den Vollmortisationserlass.

Letzterer liegt vor, wenn im Leasingvertrag eine genaue Grund-Mietzeit abgeschlossen wird, in der weder Leasingnehmen noch Leasinggeber den Vertrag kündigen können und der Leasing-Nehmer mit den Raten zumindest die Anschaffungs- oder Herstellungskosten sowie alle Nebenkosten wie auch die Kosten für die Finanzierung des Leasing-Gebers abdeckt.

Beim Teilmortisationserlass geht es um die Grundmietzeit selbst. Sie greift, wenn die Grundmietzeit mehr als 40 Prozent und weniger als 90 Prozent der gewöhnlichen Nutzungsdauer des Objekts andauert. Würde ein Auto also gewöhnlich zehn Jahre gefahren werden, so müsste die Leasingdauer mindestens 4 Jahre und maximal 9 Jahre dauern. Alle Kosten des Leasinggebers, sprich Anschaffungs- und Herstellungskosten sowie Nebenkosten, müssen durch die Leasingraten nur teilweise gedeckt werden.

Untereinander treten bei den Leasingangeboten dennoch große Unterschiede auf, die schwer zu kalkulieren sind. Das folgende Grundgerüst wird Ihnen dabei helfen.

1.2 Bedienungsanleitung zum Leasing

Von der Theorie nun zur Praxis: Wie läuft das Leasinggeschäft ab und kommt ein Vertrag zu Stande? Das ist für Sie eigentlich kein sehr komplexer Vorgang, da die meisten entscheidenden Dinge von Ihrem Leasinggeber geregelt werden. Meist beginnt alles damit, dass Sie eine Leasinggesellschaft ausfindig machen. Der gegenüber können Sie einfach gesagt alle Ihre Wünsche aufzählen: Welcher Autotyp soll es sein? Welche Marke? Was für elektronische Finessen wünschen Sie sich? Und vieles mehr. Nun sucht die Leasinggesellschaft selbstständig den Lieferanten, der Ihr Traumauto herstellt und regelt mit ihm den Kaufpreis für das Auto, welches dann von Ihnen geleast wird. Je geringer der Kaufpreis, desto niedriger werden Ihre Raten ausfallen.

Außerdem kann der Leasingvertrag nur zustande kommen, wenn das gewünschte Fahrzeug in einem guten Zustand, bestenfalls neu ist. Alles andere wird für die Leasinggesellschaft ein unrentables

Risiko darstellen, weshalb Leasingfahrzeuge in den meisten Fällen sehr gepflegt und tadellos sind.

Auch Ihre Bonität wird in diesen Verhandlungen eine Rolle spielen. Aber immer mehr Unternehmen bieten Leasingverträge ohne Schufa-Prüfung an. Nach Ablauf der Leasingzeit, wenn Sie den Wagen nicht kaufen, wird das Auto dann entweder an den Gebrauchtwagenhändler verkauft oder bei gravierenden Schäden verschrottet.

Neben den verschiedenen Vertragsformen, existieren aber noch mehr genauere Bestimmungen und zusätzliche Ausgestaltungen. Diese sollten Sie erkennen und zu Ihrem Vorteil nutzen, denn sie können sich auch nachteilig auswirken. Wenn Sie beispielsweise in einem Unternehmen mit saisonalen Gewinnunterschieden wie in der Gastronomie arbeite, gibt es die Möglichkeit der gestaffelten Leasingraten. Die Höhe der Raten wird dann an die jeweilige Saison angepasst. Seien Sie aber vorsichtig mit Vertragsmodalitäten wie dem Andiehnungsrecht. Dieses würde dem Leasinggeber erlauben, Sie nach Ende der Laufzeit zum Kauf des Autos zu verpflichten, wenn es nicht mehr gewinnbringend verwertet werden kann.

Wenn Sie die Leasingraten noch mehr senken wollen, dann sollten Sie nach einer Depotzahlung fragen. Dabei wird der Restwert des Autos nach Ende der Laufzeit geschätzt und diesen Wert legen Sie als Kaution ein. Dies bessert zudem Ihre Bonität. Und mit einer Klausel zur Gewinnbeteiligung am Verwertungserlös, bietet sich Ihnen die Chance etwas von den Einnahmen abzubekommen, wenn ihr Auto dann weiterverkauft wird. Für den Leasinggeber lohnt sich so etwas, da Sie so automatisch mehr auf den Wagen Acht geben. Dabei sollten Sie jetzt aber keine Panik darüber entwickeln, was alles mit dem Wagen geschehen kann. Versicherungen schützen Sie.

1.3 Vorzüge

In vielen Haushalten ist Leasing als ein unseriöses, ruinöses Geschäft verschrien. Ebenso viele Menschen und dabei vor allem die Jüngeren wissen auch um die vielen finanziellen Vorteile beim Leasen von Traumautos.

Jenes geldsparende Konzept beim Leasing ergibt sich aus dem Prinzip: „Die Kosten entsprechen dem Nutzen". Wenn Sie einen PKW oder überhaupt irgendein Gut vollständig erwerben, so besteht ständig der Anspruch, dass dieses Gut so viel

erwirtschaftet, das es die Anschaffungskosten deckt. Solche
Faustregeln finden sich überall in einem effizienten
Wirtschaftssystem. Aber Leasing perfektioniert diese Denkweise.
Schrittweise finanziert sich das Auto in jedem Monat selbst,
indem es jede Leasingrate mit erwirtschaftet. Schon allein, weil
sie mit Ihrem Traumauto vielleicht zur Arbeit fahren und Mobilität
gewinnen. Und dank des guten Zustandes der Leasingfahrzeuge,
halten sich auch die Reparaturkosten in Grenzen.
Wenn Sie Leasingfahrzeuge als Firmenwagen für Ihr Unternehmen
erwerben so sind die monatlichen Raten sogar von der Steuer
absetzbar.

Und was den meisten Leasingnehmern die größte Anerkennung
abgewinnt ist die hohe Flexibilität. Unter bestimmten Umständen
können Leasingfahrzeuge ausgetauscht werden. Und wenn sich
Ihre finanzielle Lage im Laufe der Zeit stark gebessert hat, können
Sie Ihr Traumauto nach der Laufzeit zu einem gemäßigten Preis
kaufen. Stellen Sie sich das vor. Sie leasen Ihr Traumauto zu
geringen Raten, fahren es über einige Jahre ein und kaufen es
letztlich zu unvergleichlichen Konditionen. Natürlich können Sie es
auch abgeben und ein neues Auto erwählen.

Wenn es tatsächlich zu Beschädigungen oder gravierenden
Unfällen gekommen ist, während der Laufzeit, dann kontaktieren

Sie Versicherung und Leasinggeber frühzeitig. Wenn Sie keine Schuld trugen, wird man sich kulant zeigen.

1.4 Nachteile

Doch bevor man sich für Leasing seines Traumwagens entscheidet, ist es auch ratsam, sich mit den negativen Effekten zu beschäftigen. Für Privatpersonen ist beispielsweise weniger lukrativ, da sie die Leasingraten, nicht wie ein Unternehmen, von der Steuer absetzen können. Daneben bietet Leasing in vielen Punkten eine hohe Flexibilität, schränkt diese aber wiederum auf anderen Gebieten ein. Bedenken Sie, dass Sie nicht der rechtliche Eigentümer Ihres Traumwagens sein werden. Und wenn Sie plötzlich in finanzielle Schwierigkeiten geraten, können Sie das Fahrzeug darum nicht verkaufen. Geraten Sie in juristische Probleme mit dem Leasinggeber, weil Sie Ihre Ansprüche unzureichend erfüllt sehen, dann tragen Sie zunächst die Kosten des Verfahrens und können auch nicht, wie ein Mieter, ohne weiteres die Leasingratenzahlung einstellen.

Wenn Ihnen jemand das Auto während der Laufzeit stiehlt oder es in einem Unfall Totalschaden erleidet, dann müssen Sie darauf hoffen, dass Ihre Versicherung den vollen Schadensersatz an den

Leasinggeber zahlt, da ansonsten Sie haften müssen. Auch normale Reparaturen zahlen Sie, während beim Mieten der Mieter verpflichtet ist das Gut im versprochenen Zustand zu erhalten.

Das letzte große Risiko bürgt dann das Ende der Laufzeit, wenn der Wagen zurückgegeben werden muss. Meist folgt eine peinlich genaue Inspektion durch den Leasinggeber bzw. Hersteller mit anschließender Wertschätzung. Wenn das Auto dann stärker an Wert verloren hat, als vor Vertragsabschluss kalkuliert, müssen Sie für die Wertminderung bezahlen.

Leider hört man auch immer wieder von schwarzen Schafen auf dem Automarkt, die jedem Kratzer im Lack zu einem Schaden von hunderten von Euros erklären möchten. Nehmen Sie im Vorfeld Kontakt zu Menschen ab, die bei diesem Hersteller geleast haben. Aus der Online Foren können Sie wertvolle Tipps beziehen, wie man solche Händlerprobleme noch behandeln kann.

1.5 Fazit zum Leasing

Wer seinen Traumwagen zu Raten, weit unter dem Listenpreis, fahren will, der kann dies mit Leasing tatsächlich erreichen. Der Vorgang ist für Sie auf den ersten Blick weder besonders kompliziert, noch haben Sie mehr zu tun, als Ihre Wünsche zu äußern.

Doch wenn Sie sich generell in einer instabilen finanziellen Situation befinden und Sie nicht völlig sicher sind, die Raten fristgemäß zahlen zu können, sollten Sie die Sache noch einmal überdenken. Leasing empfiehlt sich vor allem für Menschen mit sicheren Jobs des gehobenen Mittelstandes und für Unternehmen, die sich hochwertige Firmenfahrzeuge zulegen wollen.

Außerdem müssen Sie vielleicht mit gewissen Werkstattkosten rechnen, um kleinere Schäden schon vor Ende der Laufzeit zu beheben, um den Wagen sozusagen in den Neuwagenstatus zurück zu versetzen.

2. Re-Import ins Euroland

2.1 Über Umwege in Ihre Garage

Was macht deutsche Autos aus? Eine hohe Qualität und ein moderner technischer Standard. Ja das ist ziemlich sicher. Aber für was stehen deutsche Autos im internationalen Vergleich noch? Richtig! Für unverschämt hohe Preise. Aber es gibt tatsächlich einen Weg diesen Hürden zu entgehen und vor allem auch dem deutschen Fiskus ein Schnippchen zu schlagen: Es ist der EU Auto-Reimport. Denn in den meisten unserer Nachbarländer kosten Ihre Traumwagen wesentlich weniger, als in Deutschland. Jetzt könnten Sie vermuten, dass Ausstattung und Qualität wahrscheinlich geringer sind. Aber nein. Die technische Ausrüstung ist in fast allen Fällen entweder genauso gut oder sogar noch etwas besser.

Statistisch gesehen bezahlen neun von zehn Autokäufern zu viel für den Neuwagen. Das Sparpotential bei einem Autokauf mittels EU-Reimport liegt bei bis zu 40 Prozent unter dem Listenpreis. Die Probleme beim Autokauf im Inland fangen schon mit den konkurrierenden Interessen von Händlern und Käufern an. Jene Händler, die Sie eigentlich optimal beraten sollen, wollen einen möglichst hohen Preis erzielen, damit der Gewinn für sie stimmt.

Sie sind von überteuerten Autos eher weniger begeistert. Und diese Macht des Händlers beruht auf seinem Insiderwissen und dem Informationsmangel der meisten Käufer, die nicht wissen, dass ihr Traumauto im Ausland günstiger zu haben wäre. Hinzu kommt noch die Angst vor einem eventuell hohen Aufwand für den Import. Aber dank der Tatsache, dass Deutschland und die „günstigen Länder" Teil der Europäischen Union sind, werden diese Karten neu gemischt. Vor allem in den skandinavischen Ländern werden Sie schnell Ihr Autoglück finden. Profitieren Sie von den günstigen Steuern und Produktionskosten im Ausland. Niemand sollte drauf zahlen müssen, dass die Autokonzerne in Deutschland Monopolstellungen ausnutzen oder der Staat hohe Steuern erhebt.

2.2 Kleine Fibel des Re-Imports

Sowohl Verbraucher wie auch Kraftfahrzeughändler nutzen den florierenden Markt des EU-Autoreimports. Autohändler wissen, dass sie große Gewinne erzielen können, wenn sie ein Auto zwischen 20 und 40 Prozent billiger im Ausland einkaufen können, um sie dann in Deutschland zum Normalpreis an Sie zu verkaufen. Sie können die Methode der deutschen Autohändler einfach kopieren, indem Sie ein europaweit tätigen Autohändler kontaktiert. Solche finden sich schon nach kurzer Recherche schnell im Netz. Meist müssen Sie nur Ihre Wünsche bezügliche Automarke und Ausstattung und er Händler begibt sich dann in Ihrem Namen auf die Suche.

Diese Preissenkungen kommen aber nicht allein durch die hohen Steuerunterschiede zwischen dem Steuerweltmeister Deutschland und den anderen EU-Staaten zu Stande. Man muss nur den jeweiligen Automarkt genauer betrachten, um auf Hinweise zu stoßen. In Deutschland kostet eine Ausführung des VW Polo beispielsweise 15.000 Euro. Dieser hohe Preis kann nur wegen des Konkurrenzmangels gefordert werden. Kein Hersteller steht hier offensiv im Wettbewerb mit diesem VW Polo. In Frankreich dagegen wird VW von Peugeot und Renault so unter Wettbewerbsdruck gesetzt, dass der Polo dort weniger kosten muss, damit er sich überhaupt verkaufen lässt. Mit diesen Marketingstrategien der Autokonzerne werden riesige Gewinne erwirtschaftet.

Zu einem EU-Neufahrzeug zu kommen, um selbst an den Gewinnen teilzuhaben, ist nicht schwer. Neben dem direkten ansprechen von Autohändlern, können Sie sich auch auf die EU-Neuwagen Datenbank begeben.

Dies ist ein Informationsfundus mit 45.000 Traumwagen aus dem Ausland im Speicher. Senden Sie einfach via der aufgeführten Kontaktdaten eine Anfrage oder rufen Sie an und lassen sich bequem ein Preisangebot per Fax zuschicken.

Sie müssen ausländische Händler nicht scheuen, weil Sie vielleicht angeben, keine Fahrzeuge an Deutsche zu verkaufen. Laut dem EU-Wettbewerbsgesetz muss er auch bereit sein, mit Deutschen Geschäfte zu machen.

Einige Tipps sollten Sie sich beim Kauf allerdings zu Herzen nehmen:

Es wird stets Geld gegen Ware eingetauscht, was bedeutet, dass Vorauszahlungen ein Hinweis auf unseriöse Geschäftsmethoden sind. Die Zahlung selbst erfolgt dann meist in Bar oder per Swift-Überweisung. Zudem sollten Sie auch einige wichtige Unterlagen erhalten: ein Original der Kaufrechnung, das obligatorische Serviceheft mit Fahrgestellnummer, Datum, Händlerstempel und Unterschrift und die CoC-Papiere (Certification of Confirmity: EU-Übereinstimmungserklärung). Mit letzteren beantragen Sie die Zulassung des Fahrzeuges. Bei Gebrauchtwagen kann dann durchaus noch eine Unbedenklichkeitsbescheinigung verlangt werden. Das Kraftfahrtbundesamt in Flensburg stellt diese

Papiere aus. Zur Überführung selbst besorgen Sie sich von der Zulassungsstelle am besten ein Kurzzeitkennzeichen. Diese sind 5 Tage gültig, was genug Zeit für die Überführung ist.

Es ist auch alles andere als schädlich, sich mit dem Verschiffungsunternehmen und dem Ruf des Hafens zu beschäftigen, von dem aus Ihr Traumwagen in See sticht.

2.3 Vorzüge

Bei diesen großen Ersparnissen, ist es eigentlich unnötig weitere Vorteile zu erwähnen, aber es gibt sie. Die EU und ihre Richtlinien wurden zum Segen für den Auto-Reimportmarkt und für Sie. Denn vor diesen Neuregelungen mussten Sie tatsächlich mit Mängeln bei den importierten Autos rechnen. Wobei eigentlich nicht wirklich von Mängeln die Rede ist, sondern von Regelwidrigkeiten. Bestimmte Vorgaben in Deutschland verlangten die teure technische Nachrüstung der Importautos. Das ist jetzt Geschichte. Die EU-Richtlinien schaffen bei den meisten technischen Details einheitliche Vorgaben. Und was die EU nicht anordnet, korrigieren die ausländischen Hersteller oft von selbst, da sie um die Käufer aus anderen EU-Ländern wissen.

Durch einen Vergleich der unterschiedlichen Händler lassen sich sogar noch mehr Annehmlichkeiten heraus schlagen. Manche Händler übernehmen die meisten bürokratischen Schritte in Deutschland für Sie.

Da der Automarkt globalisiert hat erfahren Sie auch kaum Einschränkungen beim Sortiment der Fahrzeuge. Wo ein Traumwagen herkommt ist unwichtig, wenn der Preisnachlass für Ihre Bedürfnisse stimmt.

2.4 Nachteile

Eigentlich gibt es beim EU-Autoreimport im Normalfall keine wirklichen Nachteile. Gefahren bestehen nur dann, wenn Sie an unseriöse Händler geraten und in 2.3 erfahren Sie, wie Sie solche vermeiden. Was den innerdeutschen bürokratischen Aufwand angeht, so bleibt nur der Trost in Form der großen Ersparnisse. Oder Sie nutzen gleich das Beratungsangebot des erfahrenen Händlers. Sie können auch eine Agentur beauftragen. Dazu aber mehr in Kapitel 7.

2.5 Fazit zum Re-Import

Der EU-Autoreimport ist eine der sichersten und kostengünstigsten Varianten, um an sein Traumauto zu kommen. Preise bis zu 40 Prozent unter dem deutschen Listenpreis sind keine Seltenheit und die Technik ist einwandfrei.

Je nach Händler und eigenen finanziellen Möglichkeiten ist der Aufwand, der betrieben werden muss variabel. Aber auch „Anfänger" auf diesem Gebiet finden schnell in die Thematik, wenn sie sich in deutschen Automobilforen beraten lassen. Dort finden Sie in der Regel auch Tipps zu den besten Händlern und Käufern, die schon Erfahrungen gemacht haben. Die Referenzen lassen sich auch prüfen in dem Sie vom Händler Zertifikate anfordern, die eine seriöse Tätigkeit nachweisen.

Auch diese Erfahrungen sind ein Weg, um Betrügern zu entgehen. Was Sie beim EU-Reimport normalerweise nicht oder selten entdecken werden, sind allerdings amerikanische Automobile. Da aber gerade diese die Traumwagen vieler Menschen hier ist, leistet das nächste Kapitel Abhilfe.

3. Import von Übersee

3.1 Amerikanische Träume auf vier Rädern

Es sind neiderfüllte Blicke, die einem amerikanischen

Straßenkreuzer in Deutschland verfolgen. Für viele Menschen sind

Autos aus den USA die einzig wahren Traumwagen. Aber die

Möglichkeit, tatsächlich einmal so einen Wagen zu fahren

erscheint den meisten unrealistisch. Nur Profis, Insider und Leute

mit guten Kontakten kommen an amerikanische Autos und das zu

bezahlbaren Preisen. Glauben Sie diesen modernen Mythos?

Sollten Sie nicht. Denn es ist gut und einfach möglich,

amerikanische Traumwagen zu bezahlbaren Preisen zu

importieren. Es ist sogar möglich die verschiedensten Automarken

aus aller Welt aus den USA nach dem Deutschland zu überführen.

Und das sehr deutlich unter dem Listenpreis, der hier gilt.

Vor allem japanische Autos auf höchstem technischem Niveau

sind in den USA sehr günstig. Aber auch echt amerikanische

Oldtimer und die ein oder andere Harley sind für weniger zu

haben. Diese Möglichkeit verdanken Sie vor allem dem

schwachen Dollar. So erhalten Sie die Fahrzeuge für bis zu 44

Prozent günstiger als Hierzulande. Und bei diesem unfassbaren Preisunterschied sind eventuelle Umbauten, die der deutsche Gesetzgeber fordert, schon eingerechnet. Ist der Autoimport aus den USA also prinzipiell dasselbe wie der EU-Autoimport? Da ist klar und deutlich mit Nein zu antworten. Die USA sind nun mal kein EU-Land und darum sind die Unterschiede bei Abgasrichtlinien und anderen technischen Anforderungen unterschiedlich. Und es wird mit dem Dollar in einer ganz anderen Währung gerechnet. Aber das Grundprinzip des Imports ist mit dem der EU nahezu identisch.

In den USA ist ein ganz anderer Geschmack, eine ganz andere Vorstellung vom Auto fahren verbreitet. Wenn europäische Autokonzerne ihre Marken auf den amerikanischen Markt werfen, können sie deshalb keine überhöhten Preise festlegen. Niemand in den USA kauft einen überteuerten VW Polo! Und die Schwankungen in den Währungen und Börsenkursen kann beim Hersteller nicht immer weitergegeben werden. Und darum werden extreme Preiseinbrüche möglich. Zusammengefasst: Der Hersteller überführt Ihren Traumwagen von Europa oder Asien in die USA, wo er stark verbilligt angeboten wird. Sie kaufen das Auto von Deutschland aus und der Traumwagen findet den langen Weg über den Atlantik zurück zu Ihnen.

Da in den USA höhere Ansprüche an Autos gestellt werden, fällt die Serienausstattung dann obendrauf noch üppiger aus. Dieses ganze System kann Ihnen unter Umständen umständlich oder sogar absurd vorkommen. Aber so funktioniert der Handel in einer globalisierten Welt. Und je besser die Länder sich darauf einstellen, desto mehr Waren können Sie exportieren. Und da Deutschland gerade beim Autoexport weit vorn liegt, können Sie sich Ihren deutschen Wagen auch aus den USA besorgen.

3.2 Hilfsanleitung für den weiten Weg

Wenn Sie sich entschieden haben ein Auto aus den USA zu importieren, die Durchführung aber noch aufschieben, so sollten Sie Ihre Pläne jetzt realisieren. Der Automarkt und der Dollarkurs sind in einem Tief, das seines gleichen sucht und günstige Preise hervorbringt. Aber es gibt einiges zu beachten.

Woran erkennen Sie einen seriösen Autohändler und Importeur aus den USA? Grundsätzlich gilt das wahre Klischee, das US-Autohändler Schlitzohren milde gesagt gerissen sind. Sie durchlaufen eine psychologische Ausbildung und arbeiten systematisch mit suggestiven Tricks. Wenn Sie Ihren Traumwagen also vor Ort aussuchen, müssen Sie mit den bekanntesten

Strategien vertraut sein. Zunächst mal kann es sein, dass Sie sich sehr schnell auf einen guten Preis mit dem Händler einigen. Aber einige Tage später erhalten Sie die Rückmeldung, dass der Preis gestiegen sei. Dann ziehen Sie Ihre Anfrage zurück. Bestenfalls revidiert der Händler dann nach einigen Tagen sein Angebot. Diese alten Verhandlungstechniken, die Sie vielleicht aus amerikanischen Filmen können, wird tatsächlich noch heute praktiziert. Endlose Diskussionen, die geradezu Druck auf Sie ausüben gehören auch zur Grundausstattung eines Autohändlers aus den Vereinigten Staaten.

Bei den Importeuren ist es ähnlich. Aber seriöse Anbieter erkennen Sie spätestens am Kaufvertrag. Einige Punkte und Vorgehensweisen müssen enthalten sein. Erstens: Alle Importkosten, also Frachtgebühren, Zölle und Steuern müssen nachweislich beglichen sein.

Zweitens: Es wird ein Festpreis vertraglich fixiert. Drittens: Die Zulassungsfähigkeit und TÜV-Bereitschaft wird zugesichert. Viertens: Der Liefertermin steht genau fest. Fünftens: Die Anzahlung übersteigt nicht den Rahmen zwischen 10 und 15 Prozent des Kaufpreises. Und zuletzt: Sie erhalten die in der EU üblichen zwei Jahre Garantie auf Ihr neues Fahrzeug.

Dann bleibt nur noch die Frage der Nebenkosten, die Sie für die Erledigung des Importes zahlen müssen. Diese sind zwar variabel, lassen sich aber in etwa abschätzen. Verschiffung und Versicherung werden Sie etwa 2.000 Euro kosten. 10 Prozent vom Kaufpreis des Autos werden beim Zoll erhoben. Die Einfuhrumsatzsteuer beträgt 19 Prozent. TÜV und Anmeldung machen dann zusammen noch einmal 1.500 Euro. Aber Sie übernehmen dort ja keine Pionierstellung, indem Sie der erste sind, der diese Variante nutzt. Die Behörden haben bereits Erfahrungen von denen Sie profitieren können.

3.3 Vorzüge

Wahre Liebhaber von Traumwagen aus den USA muss man zwar nicht extra über die verschiedenen Vorzüge aufklären, doch einige Informationen sollten dann doch genannt werden.

Neben den niedrigen Kaufpreisen und technischen Extras gibt es aber noch weitere Annehmlichkeiten. Viele interessante Modelle sind überhaupt nur auf dem US-Markt erhältlich.

Außerdem ist im Importpaket eine Versicherung enthalten, die für eventuelle Schäden aufkommt, wenn Ihr Traumwagen beim Transport nach Deutschland Schaden nimmt.

Der Import und Reimport von Automobilen ist eine so gängige Praxis geworden, dass die Wartezeiten eine Freude sind.

3.4 Nachteile

US-Autos sind durch ihr Aussehen und die eindrucksvollen Karossen ein Quell der Faszination für Autobegeisterte. Aber es sind auch Autos, die große Mengen von Kraftstoff verschlingen, was für hiesige Benzinpreise bedeutende Extrakosten bedeutet. Zudem bieten die Motoren nicht so viel Leistung, wie allgemein angenommen. In den Staaten herrscht ein strenges Tempolimit.

Aber auch bei Fahrzeugen, die ursprünglich aus anderen Ländern kommen gibt es Risiken, die bedacht werden müssen. Zum Beispiel die Beschaffung der Ersatzteile. Wenn Ihr Import-Traumwagen plötzlich repariert werden muss und das benötigte Bauteil erst importiert werden muss, weil es hierzulande nicht hergestellt wird.

Suchen Sie im Internet am besten nach einer Werkstatt, die Service für US-Cars anbietet.

3.5 Fazit zum Import

US-Autos sind und bleiben Liebhaberstücke. Deshalb sollten einem bei der Entscheidung keine Leichtfertigkeiten unterlaufen. Wenn Sie mit diesen Wagen nicht sehr vertraut sind und keine spezialisierte Werkstatt für US-Cars in Ihrer Nähe haben, muss der Import überdacht werden. Und bevor der Kaufvertrag abgeschlossen wird sollte ohnehin eine Begutachtung vor Ort stattfinden.

Für Käufer, die ein gewöhnliches Fahrzeug aus den USA importieren lassen wollen, ist dies jedoch ein besonders lohnendes Geschäft. Wenn Sie die genannten Kriterien eines seriösen Kaufvertrags beachten, besitzen Sie bald einen hochmodernen aber trotzdem günstigen Traumwagen. Das Sortiment ist dabei zwar unbegrenzt, aber als Geheimtipp des US-Automarktes gelten japanische Geländewagen mit topmoderner Ausrüstung.

4. Einfach eintauschen

4.1 Aus alt mach neu

So lange wünschen Sie sich schon die Verwirklichung Ihres Traums in Form eines fantastischen Traumwagens. Aber wenn Sie Ihre Garage betreten, steht da nur eine alte rostige Nutzkarosse, die ihren Wert verdoppelt, wenn sie voll betankt ist. Aber Sie können ruhig glauben, dass dieses alte Auto Ihnen den Weg zum preisgünstigen Neuwagen ebnen kann. Auch in einem alten Auto stecken noch Werte. Und um diese Werte in bares Geld oder einen Traumwagen zu verwandeln, können Sie im Grunde genommen zwischen zwei Möglichkeit wählen. Die Variante Nummer 1 bestünde darin, den alten Gebrauchtwagen beim Händler in Zahlung zu geben. Das würde den Kaufpreis bzw. die anfallenden Raten um den Wert des Gebrauchtwagens mindern. Natürlich besteht auch die Gefahr, dass sie Ihr altes Auto unter Wert verkaufen, weil der Händler Ihnen eingeredet hat, dass es nicht mehr wert sei. Und einige Wochen später steht der Wagen dann zum doppelten Preis auf dem Hof des Händlers.

Wenn Sie also ganz sicher sind, dass in Ihrem alten Wagen noch größere Werte schlummern, dann können Sie das gute Stück auch per Annonce anbieten. Das erfordert dann aber auch mehr Aufwand von Ihrer Seite und ist insgesamt ein unsicheres Geschäft. Fast ein Glücksspiel. Da stellt sich die Frage wie und wo Ihre Annonce erscheinen müsste, damit Sie zu Ihrem Geld kommen.

Im Folgenden werden diese beiden Wege, zum Eintausch eines alten Wagens in Bargeld, genauer erläutert und von Ratschlägen begleitet. Bei dieser Methode müssen Sie die große und geforderte Eigeninitiative Bedenken, aber es gilt hier „What You Get Is What You Give".

4.2 Der Weg zum Tausch

Angefangen bei der ersten Möglichkeit, dem in Zahlung geben, stellt sich zunächst die einfache Frage, wie viel finanzielle Erleichterung der alte Wagen einbringt. Zumeist laufen solche Geschäfte direkt mit einem privaten Händler bzw. Vertragshändler. Dieser begutachtet Ihren Wagen, bzw. die Werkstatt des Händlers tut es. Und Sie können sicher sei, dass Sie in den meisten Fällen nicht so viel Entlastung erhalten wie Sie eigentlich verdient hätten. Einige andere Händler setzen von vornherein eine fixe Preissenkung für die Inzahlungnahme von Gebrauchtwagen fest. Diese Werte wirken meist, wie aus der Luft gegriffen, weil der eigentliche Wert Ihres Autos keine Rolle spielt. Das kann je nach Zustand des Fahrzeuges gut oder schlecht für Sie ausgehen. Der Händler jedenfalls hat zuvor genau gegen gerechnet, wie oft er zu viel zurückzahlen wird und wann er spart. Und oft hat er bereits Kontakt mit einer dritten Person, die die Gebrauchtwagen abnimmt und dann vielleicht ins Ausland exportiert. Wie Sie es auch drehen: Der Händler gewinnt. Aber damit der Händler nicht der einzige Sieger bleibt, sollten Sie den Verkaufswert Ihres alten Wagens genau kennen. Dazu nutzen viele Autofahrer populäre Preislisten wie „Schwacke", aber die

Ergebnisse einer solchen Liste können vom Händler leicht zerredet werden. Schließlich können Sie Ihren Wagen in einer solchen Liste nur grob vergleichen. Der Händler wird aber einen Weg finden, Sie davon zu überzeugen, dass gerade Ihr Wagen einen besonderen Mangel aufweist, der den Vergleich unrealistisch macht. Er wird Sie wahrscheinlich auch darauf hinweisen, dass es allein seiner Kulanz zu verdanken ist, wenn Sie überhaupt noch eine Summe für den Gebrauchten erhalten. Um so einen unangenehmen Vorgang zu vermeiden, werden Sie wohl oder übel auf einen richtigen Gutachterzurückgreifen müssen, der ein seriöses Gutachten ausstellt. Ja, das ist natürlich nicht kostenlos und liegt allein in Ihrem Ermessen. Wenn Sie selbst davon überzeugt sind, dass der Wagen nicht mehr sehr viel wert ist, lohnt die Investition in ein Gutachten nicht. Der Preis des Gutachtens kann sich in der weiten Spanne zwischen 75 und 200 Euro bewegen.

So ein Gutachten zu erstellen kann sich auch auszahlen, bevor Sie eine Annonce in der Zeitung aufgeben. Bevor Sie dies tun müssen Sie denken, wie ein Autoverkäufer. Sie stellen sich also selbst die Frage: Wie hoch muss der Preis angesetzt werden, damit Sie selbst einen angemessenen Gewinn machen, aber Ihr Angebot gleichzeitig nicht an Attraktivität verliert? Der Abdruck einer vorteilhaften Fotografie kann sich da förderlich auswirken. Ebenso enthält eine gute Annonce die wichtigsten technischen Details, also eine Aufzählung in den bekannten Kürzeln. Auch über den Umgang mit dem Auto sollte einiges auftauchen. War es ein Garagenwagen? Ein Sonntagsauto? Oder waren Sie mit dem Auto ausschließlich in der Stadt unterwegs? Aber zu diesen allgemeinen Infos können Sie gern noch etwas addieren, was den Wagen von den anderen Anzeigen abhebt. Lassen Sie Ihre Fantasie dabei freien Lauf. Sie könnten die ganze Annonce z. B. wie eine Kontaktanzeige formulieren, in etwa wie „Wagen im besten Alter sucht liebevollen neuen Halter!". Humor und überhaupt Emotionen bilden das wirkungsvollste Verkaufskonzept. Bei der Angabe des Verkaufspreises müssen Sie erneut eine Entscheidung fällen. Wollen Sie den Preis abdrucken oder als „Preis nach Verhandlung" angeben. Letztere Version verlangt ein gewisses kaufmännisches Talent und Esprit. Den Preis zu Beginn anzugeben dagegen bewahrt Sie vor unrealistischen niedrigen Angeboten seitens der Leserschaft. Und wenn man bei dieser Leserschaft gerade auf einen rhetorisch sehr begabten Händler stößt, kann es geschehen, dass man hinterher selbst bis an die Schmerzensgrenze runter gehandelt wurde.

4.3 Vorzüge

Eine Inzahlungnahme durch den Händler, ist eine der schnellsten und einfachsten Möglichkeiten zum Geld sparen beim Autokauf. Alles Bedingungen und Nebenkosten werden schließlich in einem Paket, bei einem Händler verpackt.

Wenn Sie außerdem die Möglichkeit der Inzahlungnahme bei einem Autohändler nutzen, so haben Sie die Möglichkeit Ihr vielleicht überfinanziertes, kreditbelastetes Auto abzugeben, so dass der Händler die Raten übernimmt. Und selbst wenn es sich um ein Schrottauto handelt, kann es manchmal noch eine kleine Summe für die Ersatzteile geben. Die Verschrottung müssen Sie dann auch nicht mehr selbst übernehmen.

Diese Chance gibt es beim Aufgäben einer Annonce zwar nicht, aber Sie erhalten einen großen Grad an Freiheit. Sie bestimmen den Verkaufspreis und erhalten die Summe schnell in Bar. Damit können Sie dann zu jedem Autohändler Ihrer Wahl gehen und eine hohe Anzahlung leisten, um die späteren Raten nach unten zu drücken. Den Preis für das Aufgeben eines Inserates sollten Sie nicht scheuen. Eine gute Zeitungsannonce kostet lediglich 20 Euro. Internetinserate sind auch kostenlos zu bekommen.

4.4 Nachteile

Die Nachteile einer Inzahlungnahme beim Gebrauchtwagen-händler liegt dem Risiko zugrunde, Ihren alten PKW unter Wert zu verkaufen. Sie setzen sich also dem Risiko kaufmännischer Tricks aus. Und wenn Sie diese vermeiden wollen, brauchen Sie ein kostenpflichtiges, seriöses Gutachten. Das bedeutet einen zusätzlichen Aufwand für Sie. Und es ist deswegen noch längst nicht sicher, dass Sie den gesamten Wert erstattet bekommen, denn der Autohändler legt für einen Deal auch eine gewisse Gewinnspanne für sich selbst fest.

Bei einer Annonce dagegen liegt das ganze Risiko allein bei Ihnen, was gut, aber auch anstrengend werden kann. Legen Sie einen zu hohen Preis fest, so meldet sich niemand auf die Anzeige. Sie müssen bedenken, dass in Zeitungsannoncen vor allem sehr günstige Autos gesucht werden. Hauptnutzer sind Studenten, Mittelständler und Geringverdiener. Und wenn Sie Ihr Gesuch im Internet aufgeben geraten Sie vielleicht in die zeitaufwendige Situation den Wagen selbst zum Kunden überführen zu müssen.

4.5 Fazit zum Autotausch

Wie Sie auch immer den Austausch "alt gegen neu" vollziehen, so ist von Ihnen sehr viel Eigeninitiative und auch Geduld gefordert. Sowohl in Marketingfragen als auch um den Wert Ihres alten Autos sollten Sie informiert sein. Und in den meisten Fällen, werden Sie nicht ganz so hohe Ersparnisse erzielen, wie mit den anderen schon behandelten Varianten. An einem anderen Ende sparen Sie dafür ein. Wenn es nämlich um die Verwertung des alten Autos geht, müssen Sie sich darum nicht mehr kümmern. Und lassen Sie sich nicht von Eigeninitiative abschrecken, denn je mehr Verantwortung Sie an einen Händler oder überhaupt eine Drittperson übertragen, desto geringer werden Ihre Ersparnisse ausfallen.

5. Rabatt auf Autoträume

5.1 Schamlos Preise reduzieren

15 bis satte 20 Prozent bzw. mehrere Tausend Euro Preisnachlass winken auf einem der ältesten und bekanntesten Wege zur Preisminderung bei PKWs. Es sind die leicht angestaubt anmutenden Autorabatte, von denen die Rede ist. Ja, es ist gut möglich, dass der höchste Autorabatt von dem Sie bisher gehört haben, der Barzahlungsrabatt ist. Der bewegt sich meist bei unspektakulären 3 Prozent Preisnachlass. Umso dringender braucht es die Aufklärung darüber, was eigentlich möglich ist und Ihnen als Käufer zustehen kann.

Für Sie als Käufer gilt die traurige aber wahre Faustregel: Ein unzufriedener Autohändler ist ein günstiger Autohändler. Wenn das Traumauto Ihrer Wahl gerade erst auf den Markt geworfen wurde, ist die Nachfrage am Höchsten. Bei einer hohen Nachfrage aber hat der Autohändler keinen Grund Rabatte und Preisnachlässe zu gewähren. Wenn die Zahl der verkauften Autos aber weit unter dem Sollwert des Händlers liegt, steigen seine Rabattbereitschaft und Großzügigkeit. Daneben hat ein Vertragsautohändler selbst etwa 10 bis 15 Prozent weniger als den Listenpreis zahlen müssen, um seine Verkaufsobjekte selbst auf zukaufen. Es ist nur fair, sein Stück von diesem Kuchen zu bestreiten.

Dieser Streit verlangt von Ihnen die Hellhörigkeit, unwahre Phrasen aus der Stimme des bedrängten Autohändlers herauszuhören. Dagegen müssen Sie dann selbst wiederum eine starke Verhandlungsstrategie setzen. Und das ist längst nicht so schwer, wie zu vermuten wäre.

Die Kunst des Handelns besteht im Bewusstsein um die eigene Situation und den logischen Konsequenzen, die Sie daraus ziehen. Die Rabatte selbst gibt es grob gesagt in zwei Erscheinungsformen: dem Rabatt auf einen Ratenkredit oder dem Rabatt auf den Listenpreis des Autos. Aber bevor Sie nun gerade diese Form des Sparens wählen, sollten Sie Ihre Möglichkeit nach einem festen Schema untersuchen. Die allererste Frage ist immer die, ob Sie über das ausreichende Kapital verfügen, um den Kaufpreis sofort zu begleichen. Dieses Kapital sollte dann natürlich nicht fest angelegt sein. Wenn Sie tatsächlich darüber verfügen, so können Sie die Verhandlungen ganz entspannt angehen. Blicken Sie den Händler kritisch an und überzeugen Sie Ihn durch ein lockeres Auftreten, dass es an seiner Verhandlungs- bereitschaft liegt, ob Sie den Wagen kaufen. Aber eben nicht zum

angegebenen Preis. Wenn Sie den Wagen nicht auf Anhieb
bezahlen können, lautet die Frage: Soll der Wagen in Ihr Eigentum
übergehen oder nur gemietet bzw. geleast werden? Und wenn Sie
dann noch größere Umstände, wie sie beispielsweise bei Importen
anfallen, umgehen wollen, dann ist ein Rabatt genau das Richtige
für Sie. So gilt die alte Frage: Wie verhandelt man richtig? Und
gibt es überhaupt ein allgemeingültiges Rezept.

5.2 Kunst der Preissenkung

Machen Sie sich auf harte Verhandlungen gefasst, in denen der
Verkäufer mit Standartphrasen agiert, die Sie parieren müssen,
um bis zu 20 Prozent Rabatt zu erhalten.

Das Argument Nummer eins der meisten Verkäufer ist die
Berufung auf ein Rabattgesetz, demzufolge sie nur maximal 3
Prozent Rabatt geben dürfen. Dieses Gesetz gab es tatsächlich.
Und am 30. Juni 2006 wurde es in dieser Form abgeschafft.

Lassen Sie sich auch nicht von folgender Aussage beeindrucken:
„Wenn ich noch weiter mit dem Preis runtergehe, zahle ich
drauf." Aber die Händler bekommen in der Regel selbst einen so
hohen Nachlass auf die Fahrzeuge, dass Sie sie niemals soweit
herunter handeln können, damit sie drauf zahlen.

Mit diesen Erkenntnissen steigen Sie in die nächste Runde ein. Wenn Sie Ihren Traumwagen gefunden haben, dann vergessen Sie bei den Verhandlungen, dass es Ihr Traumwagen ist. Begeisterung darf unter keinen Umständen offen gezeigt werden.

Nutzen Sie Ihre erste Frage sofort, um sich nach dem Listenpreis zu erkundigen. Viele Händler verweisen dann auf das Preisschild. Aber genau das ist Ihre Gelegenheit, denn der Listenpreis ist eine Empfehlung des Herstellers, weshalb Sie sich als nächstes nach dem Hauspreis erkundigen. Diese Summe legt das Autohaus fest und liegt gewöhnlich 5 Prozent unter dem Listenpreis. Das sind Ihre ersten 5 Prozent Ersparnis. Und schon legen Sie die dritte Frage nach: Wie hoch ist der Barpreis? Was also müssten Sie bezahlen, wenn Sie das Auto sofort bezahlen. Damit dürften Sie weitere 5 Prozent gewinnen. Erst wenn Sie denn Händler so weit gebracht haben, lohnt es sich, auf die Details einzugehen. Sie verlangen also Extras in Form von einem Satz Winterräder, einem neuen Radio, einem Wunschkennzeichen und dem obligatorischen Verbandskasten. Diese Anschaffungen müssten Sie später im Normalfall zusätzlich leisten. So laufen die Verhandlungen um einen Rabatt, wenn Sie tatsächlich in der Lage sind eine größere Summe in bar zu zahlen. Aber es gibt noch weitere Strategien für Sie, die sich auch für Rabatt auf

Ratenzahlungen eignen. Hier können Sie an einer besonderen Art von Provision ansetzen. Dazu müssen Sie herausfinden, ob das Fahrzeug eine Tageszulassung besitzt. Ist das der Fall, so hat der Händler vom Hersteller schon 10 Prozent Provision bezogen. Damit können Sie den Verkäufer konfrontieren und diese 10 Prozent für sich selbst einstreichen.

Der nächste Trick braucht etwas Vorbereitung. Sie gehen ohne ein besonderes Interesse zu zeigen ins Autohaus, sehen sich um und gehen wieder. Dann eine Woche später kehren Sie dorthin zurück, als hätten Sie sich die Entscheidung für einen Autokauf beschwerlich abgerungen. Gegenüber dem Verkäufer formulieren Sie dann klare Bedingungssätze.

Sie erwägen darin, das bestimmte Auto zu kaufen. Und dann nenne Sie eine sehr niedrige aber nicht unrealistische Summe, die Sie bereit wären zu zahlen, wenn noch eine Reihe Extras vom Verkäufer addiert werden. Der Preis wird dann sicherlich etwas höher sein, als dieses erste Angebot von Ihrer Seite, aber noch immer niedriger als der Listenpreis und mit einigen Zusatzleistungen verbunden.

Ist Ihr Wunschauto aber ein Gebrauchtwagen, so wird zuerst der Verkäufer anfangen von Extras zureden, die schon im Auto enthalten sind. Weisen Sie den Verkäufer gelassen darauf hin, dass die Ausstattung den Löwenanteil ihres Wertes längst eingebüßt hat.

Wenn Sie bemerken, dass der Verkäufer nervös den Preis hoch und runter rechnet, wenn er also beispielsweise den Taschenrechner nicht mehr aus der Hand legt, kann das ein Indiz für seinen Konflikt und das Kratzen an der untersten Preisgrenze ist. Dies ist ein guter Moment, ihn darauf hinzuweisen, dass Sie in Zukunft der loyale Kunde der hauseigenen Werkstatt sein werden.

Die Zusammenstellung all dieser Strategien beruht vor allem auf der Erfahrung verschiedener Käufer. Und wenn Sie wirksam verhandeln wollen, müssen Sie sich mit ihrer Strategie wohlfühlen, um Selbstbewusstsein auszustrahlen. Es ist deshalb ratsam, sich selbst ein Konzept aus den Ratschlägen zusammen zustellen. Ein Konzept, welches zu Ihnen passt. Sind Sie eher offensiv und drängen andere in die Defensive? Oder halten Sie sich elegant zurück und lassen den Händler in Ihre Fallen tappen?

5.3 Vorzüge

Wenn es Ihnen gelingt einen Teil dieser Ratschläge in die Tat umzusetzen, sind Rabatte bis zu 20 Prozent möglich. Aber das ist nur ein Punkt. Im Zuge der Verhandlungen können schließlich nicht nur Preisnachlässe erkämpft werden, sondern auch zusätzliche Einbauten, wie neue Radios und Winterreifen. Schon der Aufwand, den Sie sich damit für später ersparen ist eine Argument für seriöses Feilschen.

Über Rabatte zu verhandeln ist zudem der einzige Weg, tatsächlich im Alleingang einen Preisnachlass zu erzielen. Das Resultat ist in jedem Fall individuell und das Optimalste. Sie können dabei auch völlig sicher sein, dass nichts vorgeht, über das Sie nicht informiert sind. Während Sie bei Importgeschäft beispielsweise Dritt- und Viertpersonen mit ins Boot holen, die für sich selbst auch noch einen Profit herausschlagen möchten.

Da Sie durch solche harten Verhandlungen, Ihre Souveränität und das neuerworbene Hintergrundwissen zu Materie unter Beweis stellen, wird man Sie im Autohaus auch in Zukunft achten. Wenn Sie z. B. die Vertragswerkstatt nutzen oder das nächste Mal ein Auto dort kaufen.

Haben Sie einmal Profil bewiesen, wird man Sie nicht noch einmal mit irgendwelchen Verhandlungstricks in die Enge treiben. Es entstehen Geschäftsbeziehungen auf Augenhöhe oder noch darüber hinaus ein Gebaren, bei dem Sie als der Gebende durch Vergünstigungen und Gefallen überzeugt werden müssen.

5.4 Nachteile

Die Nachteile, Risiken und Nebenwirkungen bei Rabattverhandlungen ergeben sich im Grunde aus den erhaltenen Vergünstigungen. Durch die Zusage von Rabatten sinkt automatisch das Niveau des Restwertes. Denn Rabatte stehen im Geschäft stellvertretend für Mängel und Schwächen eines Produktes. Wenn Sie also vorhaben, das Auto nach einigen Jahren zu verkaufen, so werden Sie wahrscheinlich weniger zurückbekommen, als das Auto eigentlich noch wert ist. Und Sie können sicher sein, dass sich der Gebrauchtwagenhändler, dem Sie ihr Auto später vielleicht verkaufen werden, genau über Ihren ehemaligen Kaufpreis erkundigen wird. An dieser Stelle können Sie Ihre Verhandlungsfertigkeiten auch einmal umgekehrt benutzen. Statt den Wagen herabzusetzen, betonen Sie die Qualitäten des Autos und das es ein Garagenwagen ist. Und polieren Sie das Gefährt vor den Verhandlungen auch gern etwas auf, wie es auch Autohäuser tun.

5.5 Fazit zu Rabattangeboten

Zusammenfassend gesagt sind Rabattverhandlungen ein zeitintensiver aber lohnender Prozess. Sie müssen sich zwar ein gewisses Vorwissen erarbeiten und vielleicht auf Verhandlungsstrategien zurückgreifen die für Sie ungewohnt sind, aber das Ergebnis kann sich in der Regel sehen lassen.

Aus dem Punkt 5.4 ergibt sich jedoch, dass sich der Weiterverkauf an einen Gebrauchtwagenhändler einige Jahre später nicht auszahlen wird.

Darum sollten Sie, wenn es dann soweit ist, auf Tipps aus dem Kapitel „Einfach umtauschen" zurückgreifen. Lassen Sie den Wagen dann auf seinen eigentlichen Wert schätzen und verkaufen Sie ihn als Privathändler.

Auf diese Weise verderben Sie sich nicht die großen Vorteile, die Sie durch die harten Verhandlungen erkämpft haben und schaffen gleich die Grundlage für Ihren Traumwagen in unabsehbarer Zukunft. Sie sehen also, dass gute Verhandlungstechniken eine Investition in die Zukunft sind.

6. Auto aus dem Netz

6.1 Das Web und seine Möglichkeiten

Wie bei den meisten Geschäften werden auch Autokäufe immer öfter im Internet getätigt. Doch der letztendliche Vertragsabschluss im Internet ist oft noch eine Ausnahme. Das muss aber nicht sein, wenn Sie mit den Rahmenbedingungen des Vertragsrechtes im Internet vertraut sind. Schon können Sie Ihren neuen Traumwagen bequem vom PC aus erwerben.

Die Möglichkeiten dafür, wie so ein Verkauf ablaufen könnte, sind vielfältig. Von Online-Autobörsen, bei denen Sie sofort auf Annoncen reagieren können, über Auktionen bis hin zu einfachen Inseraten, bietet des Internet einen riesigen Marktplatz.

Üblicherweise werden Im Internet Verträge per Mausklick oder Knopfdruck auf die Bestätigungstaste abgeschlossen, bzw. bestätigen Sie Ihre Willenserklärung, also den Wunsch das Auto zu kaufen, mit einer E-Mail. Doch halt! Allein durch diese Online Bestätigung muss noch kein Kaufvertrag zu Stande gekommen sein. Man spricht hierbei von einer „Invitatio Ad Offerendum", einer Einladung zum Angebot. Der Verkäufer muss dem noch zustimmen. Andere Gültigkeit besteht nur, wenn dies ausdrücklich in den jeweiligen AGB festgeschrieben ist. Sie müssen dabei sehr aufmerksam vorgehen. Geschieht ein Versehen, können Sie dies später nicht mehr beweisen und aus dem Fehlklick wird ein Geschäft.

Im Normalfall wird Sie aber kurz nach dem „offenen Abschluss" eine E-Mail erreichen, in der der Kauf noch einmal zu bestätigen ist. Diese Annahme ist verbindlich, aber juristisch nicht klar definiert.

Im Notfall können Sie aber noch immer von Ihrem Widerrufsrecht Gebrauch machen, welches ebenfalls in den jeweiligen AGB unterschiedlich verankert ist.

Während im Autohaus die Prämisse „gekauft wie besichtigt" gilt, stehen Ihnen im Internet nur Bilder und Angaben des Verkäufers zur Verfügung. Und der Verkäufer ist nicht dazu verpflichtet, alle Mängel des Fahrzeuges besonders hervor zu heben. Sie als Käufer sind angehalten konkrete Frage an den Händler zu schicken. Besonders wenn Sie es mit einem sogenannten „Powerseller" zu tun haben, tragen Sie bei späteren Sachmängeln die Beweislast. Sie müssen dann beweisen, dass Sie trotz Nachfrage nicht über Mängel in Kenntnis gesetzt worden.

Wie ist die Gesetzeslage bei Versteigerungen im Internet? Zunächst sind Online-Versteigerungen keine Versteigerungen, denn es gibt keinen Zuschlag. Das Angebot ist schon ein Antrag und Ihr Höchstgebot ist die Annahme. Der Wert des Objektes spielt keine Rolle. Wenn 1 Euro das Höchstgebot ist, wenn dies auch unwahrscheinlich erscheint und Sie bieten diese Summe, gehört das Fahrzeug Ihnen.

Soweit die juristischen Rahmenbedingungen. Doch in der Praxis existieren sehr individuelle Vorgaben bei den einzelnen Anbietern und manch unseriösem Händler gelingt eine unlautere Auslegung der Gesetze zu Ihrem Nachteil. Aber das Internet bietet dabei gleichzeitig auch die Kapazitäten für die höchsten Preisnachlässe auf Ihren Traumwagen.

6.2 Internetseiten und Preisvergleiche richtig nutzen

Bevor Sie im Internet mit der Suche nach Ihrem Traumwagen beginnen, ist es in der Regel zunächst angebracht eine gute Autobörse bzw. ein seriöses Portal ausfindig zu machen. Täglich wechseln durch die Autobörsen etwa eine Million Fahrzeuge den

Besitzer. Und zu unzähligen Millionen von Angeboten gelangen Sie über schätzungsweise drei bis vier Mausklicks. Diese Auswahl ist übermächtig und darum ist ein sorgfältiger Vergleich nicht teuer aber unerlässlich.

Im Anhang über die besten Internet-Ressourcen finden Sie eine empfehlenswerte Auswahl.

Wie ein Kauf des Traumwagens in der Praxis generell abläuft, erfahren Sie hier. Die meisten Anbieter und Börsen schalten eine recht übersichtliche Suchmaske auf der Startseite. Denken Sie genau darüber nach, was Ihr Traumwagen für ein Modell ist, in welchem Jahr es gebaut wurde, was zur technischen Ausstattung gehören soll und was Sie maximal zu bezahlen bereit sind. Auch kann Ihre Suche, mittels Eingabe Ihrer Postleitzahl, auf eine bestimmte Region begrenzt werden. Diese Daten tragen Sie ein und die Suchfunktion generiert eine Liste von passenden Angeboten. Meist erscheinen diese Fahrzeuge geordnet nach dem Marktpreis.

Sie können nun die klein abgebildeten Inserate abrufen und die genauen Fahrzeugdaten einsehen. Hochauflösende Bilder des Wagens gehören auch dazu. Dort finden Sie auch die Kontaktdaten des Verkäufers. Bei seriösen Händlern steht dort nicht nur eine E-Mail-Adresse, sondern auch Handy- und

Festnetznummern. Wenn auch eine eigene Website angegeben ist, sollten Sie diese gründlich studieren.

Machen Sie sich so ein Bild vom Händler und beachten Sie, wie die Seite auf Sie wirkt. Ist Sie übertrieben reißerisch oder ansprechend?
Beim nächsten Schritt sollten Sie den Verkäufer zunächst telefonisch kontaktieren, um weitere Informationen über Fahrzeug, Vertragsmodalitäten und Finanzierungsoptionen zu bekommen. Zu einer Anzahlung sollten Sie nicht aufgefordert werden. Gezahlt wird nur im Austausch gegen das Auto. Auch eine unverbindliche Besichtigung des Fahrzeuges vor Ort und eine Probefahrt sollten selbstverständlich sein.

Es wäre fahrlässig, auf die Besichtigung des Autos zu verzichten und allein dem Inserat und Ihrem Händler Vertrauen zu schenken. Der Besichtigungstermin findet bestenfalls an einem neutralen, belebten Ort statt, wo Sie den Wagen genau überprüfen können. Bringen Sie das ausgedruckte Inserat und die Fahrzeugbeschreibung mit. Bei Missverständnissen sind diese Papiere der entscheidende Beweis. Die Probefahrt sollte dann im Anschluss nicht zu knapp ausfallen und Strecken in der Stadt, wie auch auf der Autobahn einschließen. Wenn Sie einen Bekannten haben, der sich mit Autos auskennt, kann Ihnen niemand verbieten, diesen mitzubringen. Es ist auch nicht verboten, bei der Probefahrt eine freie Werkstatt oder einen Gutachter aufzusuchen, der den Wagen mit Zertifikat prüft. Das kostet zwar mindestens 50 bis 90 Euro, verhindert aber unangenehme Überraschungen.

Sind Sie immer noch davon überzeugt, in Ihrem Traumauto zu sitzen, dann kommt es zum Kaufvertrag. Den Preis können Sie auch hier noch hinunterdrücken (siehe Kapitel 5 „Rabatt auf Autoträume"). Zum Vertrag selbst gehören vor allem Papiere und Bescheinigungen. Ihr Händler sollte bei der Unterzeichnung folgendes dabei haben: Zunächst einmal die Zulassungsbescheinigungen. Sowohl jene für die letzte Zulassung bzw. Stilllegung, als auch die neue. Ist Ihr Traumwagen kein Neuwagen mehr, dann bitten Sie den Verkäufer um den Fahrzeugbrief zuzüglich des Fahrzeugscheines oder der Abmeldebescheinigung.

Bescheinigungen der Haupt- und Abgasuntersuchungen bieten sich bei solchen älteren Modellen ebenfalls an. Überprüfen Sie den Personalausweis des Halters und vergleichen ihn mit den Daten im Fahrzeugbrief. Sie müssen übereinstimmen. Sind Sie nicht identisch, sollte der Händler zumindest die Vollmacht des Halters dabei haben. Der Kaufvertrag kann unterzeichnet werden, wenn Sie alle notwendigen Dokumente und das Fahrzeug mit Autoschlüsseln in Händen halten. Erst jetzt wird eine Bezahlung fällig. Natürlich ist die Barzahlung immer die beste Variante und wenn Sie nicht so viel Bargeld auf einmal ausgeben können, dann empfiehlt sich die Aufnahme eines Kredites bei einer KFZ-Bank mit niedrigen Zinsen. Von Vorauszahlungen oder Online-Überweisungen ist abzuraten.

6.3 Vorzüge

Zwischen 10 und 30 Prozent Rabatt bietet ein Autokauf im Internet.

Bedenken Sie, dass das Internet Zugang zu einem Informationsquell bietet, den kein Händler bieten kann. Zudem können im Internet anonyme Nachforschungen angestellt werden, während Sie in einem Autohaus wahrscheinlich schon längst von einem überambitionierten Verkäufer angesprochen wurden.

Sie müssen sich außerdem kaum auf Kompromisse einlassen. Ihre Wünsche werden in die Suchmaske eingetragen und nur Traumwagen, welche diesen Wünschen gerecht werden, werden zu den günstigsten Preisen angezeigt. Dabei können Sie auf

Konditionen und europäische Preise, weit unter den deutschen Listenpreisen zurückgreifen. Die Recherchemöglichkeiten nach der Identität der Händler bieten eine unnachahmliche Transparenz.

Sie müssen aber nicht einmal eine Suche starten. Sie können auch bei einer Autobörse ein kostenloses Inserat mit Ihrem Autogesuch und Preisvorstellung aufgeben. Unter den Tausenden von Händlern, die solche Portale nutzen, werden sich garantiert einige Interessierte an Sie wenden.

Jedes Jahr expandiert der Online-Automarkt und verdoppelt seine Verkäufe manchmal sogar innerhalb von nur einem Jahr.

6.4 Nachteile

Die Risiken und Nebenwirkungen eines Internet-Autokaufs oder zumindest der Vermittlung über Autobörsen sind auch zugleich die wesentlichen Nachteile.

Bis zu dem Moment, indem Sie Ihrem Händler gegenüberstehen ist er völlig unbekannt für Sie. Sie wissen nicht einmal hundertprozentig, ob alle angegebenen Daten der Wahrheit entsprechen. Man weiß sogar von Fällen, bei denen sich Betrüger mit den Namen von tatsächlichen Händlern und Unternehmen geschmückt haben. Bei diesen Fällen war es nahezu unmöglich den Betrug zu bemerken, da man mit so etwas nicht gerechnet.

Und das kann einen besonderen Aufwand für diese Online-Geschäfte bedeuten: Der Aufwand den Händler genau zu prüfen. Wenn der Händler seinen Firmensitz im Ausland hat wird dies schwierig. Überweisen Sie dann und überhaupt niemals Geldsummen im Voraus. So schnell und günstig das Internet auch ist. Hinter der Innovation können auch große Betrügereien versteckt werden. Vermeintliche Händler E-Mails, die in Wahrheit gefälscht sind (sogenannte „Phishing-Mails), leiten Sie zu authentisch wirkenden Seiten weiter. Aber in Wahrheit sind die dazugehörigen Unternehmen vollständig erfunden und dienen allein dazu, Ihnen Ihre Daten zu entlocken. Zu solchen Konzepten gehören auch Viren und Trojaner, die sich in Ihren PC einschleichen, wenn Sie Mails oder Programme öffnen.

Kommen wir zur Besichtigung und den Dokumenten.
Selbst wenn der Händler Ihnen alle wichtigen Dokumente vor Ort zur Verfügung stellt. Woher wissen Sie, dass es sich nicht um Fälschungen handelt. Scanner und Bildbearbeitungsprogramme ermöglichen originalgetreue Nachbildungen. Vergleichen Sie die Daten in den Papieren darum z. B. mit Details beim Auto, wie der

Fahrzeugnummer.

Zeigen Sie bei der Fahrzeugbesichtigung Skepsis. Besonders wenn die Preisminderung irreal hoch ist, dann entgehen Sie den Betrügereien und erhalten einen günstigen und guten Traumwagen.

6.5 Fazit zum Internetangebot

Der Internet-Autokauf ist ein Konzept der Zukunft. Menschen, die einfach nicht die Zeit haben um unzählige Autohäuser „abzuklappern" sind abhängig von einer schnellen, effizienten Suche, die Sie direkt vom PC aus starten können. Dabei auch noch ein unvergleichliches Angebot nutzen zu dürfen und das wiederum zu Rabatten auf Spitzenniveau, sind noch ein willkommener Zusatz. Aber diese Form der Autosuche verlangt auch eine erhöhte Aufmerksamkeit in Verbindung mit gesunder Skepsis. Es verlangt, dass Sie sich mit den einzelnen Referenzen der Händler auseinander setzen und vergleichen. Die Nutzung der meisten Internetportale und Foren selbst, kostet Sie keine Extrazahlungen.

7. Zum Traumauto per Agentur

7.1 Warum auch selbst suchen?

Der Automarkt stellt sich meist als ein undurchdringliches, untransparentes Gerangel der verschiedenen Autokonzerne um die Gunst der Käuferschaft da. Es gibt tausend angeblich einmalige Finanzierungsmodelle und jeder beansprucht den Titel des Besten und Preiswertesten für sich. Da kann die Suche nach einem Traumwagen zum günstigsten Preis zu einer Odyssee verkommen. Oder Sie versuchen verzweifelt einen günstigeren Preis bei Ihrem Autohändler auszuhandeln, scheitern dabei aber. Sie wollten ja nur ein Auto und keine Marketingschlacht. In so einer Situation wünschen Sie sich wahrscheinlich einen kompetenten Partner an die Seite, der die Aufgaben übernimmt, die man allein nicht bewältigen kann. So einen Partner können Sie in Gestalt einer Autoagentur finden. Aber was genau macht eine Autoagentur und lohnt sich das überhaupt? Ja bei Neuwagenpreisen bis zu 35 Prozent unter dem Ladenpreis, kann man sagen, dass es sich lohnt. Dazu nutzen die Autoagenturen im Grunde genommen all jene Methoden, die in den vergangenen 6 Kapiteln vorgestellt worden. In der Regel zählen zum Service die Auslieferung innerhalb Deutschlands, die Finanzierung über den

Hersteller wie auch Leasing über den Hersteller, eine sachkundige Beratung, kurze Lieferzeiten und oft auch die Inzahlungnahme Ihres alten Wagens.

Diese tollen Konditionen können geboten werden, da die Autoagenturen normalerweise viele Kontakte zu unzähligen Händlern pflegen und die einzelnen Mitarbeiter für Rabattverhandlungen geschult sind. Dazu teilen Ihnen seriöse Autoagenturen eigene Makler zu, die Ihren „Fall" bearbeiten und professionelle Annoncen bei Webportalen schalten. Gegen Anfrage werden die Autoagenturen Sie auch über die Referenzen der einzelnen Makler informieren oder Sie sogar aus ihrem Maklerpool einen auswählen lassen.

7.2 Arbeitsweise der Autoagentur

Den Ablauf der Geschäfte müssen Sie sich nicht sonderlich kompliziert vorstellen. Es ist im Grunde genommen ein 8-Schritte Ablauf der, ausgenommen von kleinen Variationen, bei allen Agenturen gleich ist.

Bevor Sie überhaupt Kontakt zur Agentur aufnehmen müssen, können Sie Ihren Traumwagen oft schon auf der Internetseite der Agentur zusammenstellen. Einfach Autotyp, Marke und die geforderte technische Ausstattung eingeben. Dieser Vorgang ist natürlich kostenlos. Diesen „Entwurf" können Sie im Anschluss per Kontaktformular an die Agentur selbst schicken. Eine fähige Autoagentur schätzt für Sie innerhalb von 24 Stunden den günstigsten Preis für Ihren persönlichen Traumwagen. Sind Sie damit einverstanden, erteilen Sie einfach den Vermittlungsauftrag. Jetzt kann es einige Zeit dauern bis die Agentur den besten Preis ausgehandelt hat, aber das Warten lohnt sich.

Bedenken Sie, dass die Provision der meisten Autoagenturen davon abhängt, wie weit hinunter sie den Preis handeln kann. Schritt 5 ist dann endlich der Kaufvertrag mit dem Autohändler oder Hersteller. Dieser produziert oder überführt nun Ihren Traumwagen und er gelangt direkt zum Händler. Dort dürfen Sie ihn dann abholen. Und erneut zahlen Sie erst bei der Übergabe der Ware. Neben diesem letzten Schritt gibt es noch mehr Indizien, die auf eine professionell arbeitende Agentur schließen lassen. In so einer Autoagentur sind Sie weder verpflichtet eine Vorauszahlung zu leisten, noch werden Sie gegen Ihren Willen an eine bestimmte Automarke gebunden. Auch Ihre zukünftige Werkstatt bleibt für Sie frei wählbar. Die Autoagentur kooperiert zwar mit Autohändlern, ist aber nicht von Ihnen abhängig. Und beim Kauf erhalten Sie selbstredend die volle Herstellergarantie.

Es schadet auch nicht, im Vorfeld die Referenzen Ihres Vermittlers

in Erfahrung zu bringen. Die Agentur sollte auch Auskunft darüber

geben, ob sie geprüft ist und sie muss dies auch belegen. Lassen

Sie sich dabei nicht mit Zertifikaten als Anhang von E-Mails oder

mit Downloadformularen abspeisen. Diese können einfach

gefälscht werden. Verlangen Sie die Kopie des Originals per Post

oder Übergabe durch Ihren Makler.

7.3 Vorzüge

Bei einer seriösen Agentur profitieren Sie gleich in vielerlei

Hinsicht. Neben den oft sehr eingeschrumpften Preisen fällt ein

riesiger Aufwand einfach von Ihnen ab.

Und da die Agentur nach individuellen Schemata arbeitet, nutzt

sie die Vorzüge aller anderen Tipps. Oft gibt es sogar die

Möglichkeit Ihren Gebrauchten in Zahlung zu geben oder ein

günstiges Finanzierungskonzept zu erarbeiten. Der Ihnen

zugeteilte Makler wird Sie gut beraten und sich engagiert

einsetzen. Eine solche Befragung geht über die Möglichkeiten der

Suchmasken aus dem Internet hinaus.

7.4 Nachteile

Wenn Sie die eigene Verantwortung für die Suche nach Ihrem Traumwagen abgeben, so bleibt immer ein Rest von Furcht, dass die Agentur nicht doch eine heimliche Zusammenarbeit mit einem Händler oder Hersteller führt. Auch die Suche nach einer seriösen Agentur kann schwierig sein, denn es gibt immer mehr von Ihnen. Im Franchising-Prinzip können sich immer öfter, unausgebildete Vermittler unter dem Antlitz ihres Mutterunternehmens verstecken und dann schlechte Vermittlungsarbeit für Sie leisten. Die lange Zeit guten Erfolgsaussichten haben viele Laien diesen Beruf ergreifen lassen.

7.5 Fazit zu Autoagenturen

Gerade berufstätige Bürger sollten über die Beauftragung einer Autoagentur nachdenken, wenn Sie sich auf die Suche nach einem Traumwagen unterhalb des Listenpreises begeben wollen. Diese arbeiten unkompliziert und nehmen Ihnen die langwierigen Aufgaben ab. Aber die Zusammenarbeit mit der Autoagentur erfordert von Ihnen dafür auch ein hohes Vertrauen für Ihren Vermittler. Dieses Vertrauen können Sie ihm aber nur schenken, wenn Sie sich im Vorfeld selbst davon überzeugt haben, es mit einer seriösen Agentur zu tun zu haben.

Die 5 besten Internet-Ressourcen für Ihren günstigen Traumwagen

Transparenz und Vielfalt bei AutoScout24.de

Eine große Ansammlung von Internetportalen schmückt sich mit dem Titel Scout24. Doch das Kronjuwel ist wohl Auto Scout24. Effizienz, ein riesiges Angebot, eine hohe Übersichtlichkeit der Website und eine vorbildliche Unternehmensmoral treffen hier zusammen. In einer übersichtlichen Box, direkt auf der Startseite, müssen nur die wichtigsten Daten eingegeben werden, damit Sie Ihnen eine passende Auswahl an Fahrzeugen aufgelistet wird. Sie geben lediglich an, ob es ein Gebraucht- oder Neuwagen sein soll, welcher Endpreis gewünscht wird, die Höhe des Kilometerstands, natürlich das Modell, die Kraftstoffart, die Erstzulassung und aus welcher Region Ihr neuer Traumwagen kommen soll. Aber es sind vor allem auch Zahlen, die beeindrucken jährlich nutzen 13 Millionen Menschen das Portal, um jährlich 1,8 Millionen Autoannoncen zu durchforsten. Monatlich werden 300.000 Fahrzeuge verkauft. Wie kann ein Autoportal im Wald der Autobörsen so positiv hervorstechen.

Nun, neben der Übersichtlichkeit, ist Auto Scout24 in 18 Ländern aktiv und mit 37.000 Händlern verbunden, weshalb Sie stets das günstigste Angebot finden. Sie überblicken den ganzen Markt von Ihrem PC aus.

Weiterhin angeschlossen sind Börsen für Lkws, Motorräder und Ersatzteile und das Informationsportal AutoWissen24 mit unzähligen Testberichten über Autos und neue Technologien auf dem Fahrzeugmarkt. Dazu ist das Portal aus allen möglichen Frequenzen erreichbar und Annoncen können sogar bequem per i-Phone geschalten werden.

Was Auto Scout24 aber außerdem auszeichnet ist eine unzweifelhafte Firmenmoral. Zusammen mit dem anderen Portal mobile.de, dem ADAC, der Zentrale zur Bekämpfung unlauteren Wettbewerbs und dem Zentralverband Deutsches Kraftfahrzeuggewerbe wurde ein „Kodex für den Fahrzeughandel im Internet" festgelegt. So gibt es ein einheitlich festgeschriebenes Begriffslexikon, welchem alle Inserate in ihrer Formulierung folgen müssen, um Transparenz zu garantieren. Bestimmte Angaben wie der Kilometerstand eines Fahrzeugs müssen vom Händler angegeben werden und wer gegen den Kodex verstößt, kann aus der Börse ausgeschlossen werden.

Damit ist Auto Scout24 das sicheren und günstige Portal zum Kauf und Verkauf von Neu- und Gebrauchtwagen.

Einen kompetenten Ratgeber an der Hand bei Auto.de

„Deutschlands großes Autoportal" Auto.de präsentiert sich, der Namenswahl entsprechend einfach und übersichtlich. Die Suchfunktionen und überhaupt der Internetauftritt präsentieren sich ähnlich wie bei AutoScout24.

Was Auto.de besonders positiv auszeichnet, ist die ansprechende Ratgeberfunktion und die Community. Ein eigener Autokauf-Ratgeber informiert über so manche Details und erklärt alle technischen Details über Motoren, Elektronik und Modelle. Sollte irgendeine Frage dennoch nicht beantwortet werden können, muss nur eine kurze Nachricht über das Kontaktformular geschickt werden. Nach gründlicher Recherche werden Ihnen die Informationen selbstverständlich kostenlos und kompetent zugesandt.

Vorbildlich ist auch der Umgang mit den kleinen und großen Wissenslücken beim Autokauf-Ratgeber für das Internet. Über alle Details und Abläufe des Autokaufs erhält der Suchende Antwort. Damit ist Auto.de besonders ein guter Tipp für Laien, die zwar nicht so sehr mit der technischen Materie vertraut sind, aber dennoch einen günstigen Traumwagen finden wollen. Die Vermittlung zum günstigsten Händler erfolgt sehr schnell und ohne versteckte Kosten.

Renommierte Händler, günstige Internetpreise bei MeinAuto.de

Erst 2007 wurde die MeinAuto GmbH gegründet und ist heute eines der führenden Onlineportale für Neuwagen in Deutschland. Dieser Erfolg ist auch der Erfahrung der Gründer zu verdanken, die sich ihre Sporen zuvor schon bei der Gründung eines anderen Auktionshauses verdient haben.

Wie es bei den meisten guten Autoportalen üblich ist konfigurieren Sie nun zunächst Ihren Neuwagen. Aber damit geben Sie nicht nur ein Inserat auf oder beginnen die Suche nach der Nadel im Heuhaufen. Hier beginnt der besondere Service von MeinAuto.de. Ein MeinAuto-Berater und kein Suchprogramm wird für Sie persönlich tätig, recherchiert, vergleicht Preise und findet den Traumwagen, der zu Ihren Wünschen passt.

500 Modelle von verschiedenen Neuwagenhändlern in Deutschland stehen bei dieser Suche zur Auswahl. Und Sie können sicher sein, dass diese Händler schon vor dem inserieren geprüft wurden. Alle sind Sie Autohäuser mit Herstellervertrag, groß und renommiert und wurden vollends auf Erreichbarkeit, Handelstransparenz und immer wieder auf Qualität geprüft.

Sie erhalten die volle Herstellergarantie. Der Wettbewerb unter den Händlern garantiert die besten Preise.

Attraktive Preisnachlässe bei Pkw-Rabatt.de

Mit dem Anspruch, die „neue Intelligenz des Automarktes" zu verkörpern und vielen günstigen Neu- und Gebrauchtwagen sticht Pkw-Rabatt.de ein ins Geschehen.

Hinter dieser Website steht die benefit service GmbH & Co. KG, die 2002 gegründet wurde. Das Konzept des Unternehmens ist dabei einzigartig, denn es beruht auf der Idee, die Neuwagen an geschlossene Nutzergruppen zu besonderen Konditionen zu vermitteln und so sehr hohe Rabatte zu bewirken.

Dabei agiert das Unternehmen eher als Partner, denn als profitfixierter Verkäufer. Der Vorgang beginnt mit einer kleinen Recherche auf der Internet-Seite, bei der Sie die günstigsten Rabatte für den gewünschten Traumwagen ausfindig machen. Informationen zum Abholungstermin sind schon angefügt. Dann, und das ist was die Sicherheit des Geschäftes garantiert, verlassen die Verhandlungen den virtuellen Raum. Schriftlich beauftragen Sie das Unternehmen zu einer Vermittlung. Dieser Vorgang ist völlig kostenlos und gilt noch nicht einmal als Bestellung. Schon bald erhalten Sie die Bestellunterlagen und können entscheide, ob Sie sie ausgefüllt zurück schicken. Darauf folgt eine Bestätigung des Auftrages durch den Händler.

Den Wagen selbst holen Sie dann schließlich direkt vom Werk der vom Händler ab. Sie erhalten ein Abholzertifikat und zahlen erst, wenn Sie vor Ihrem neuen Auto stehen.

Wer sich nach Sicherheit und einem guten Service sehnt, ist bei benefit gut aufgehoben. Und die Behauptung, dass sie es hier mit einem innovativen Verkaufsmodell zu tun haben, ist ungelogen.

Der Name ist Programm: Platinum Cars

http://home.mobile.de/PLATINUMCARSHALLE#ses

Traumautos müssen also nicht teuer sein. Aber es gibt ein Segment von Traumwagen, bei dem das lockere Austeilen von Rabatten den Objekten in keiner Weise gerecht werden würde.

Dort befinden Sie sich im höchsten Preissegment bei den Luxusautos von BMW, Porsche, Audi, Maserati, Lamborghini und Aston Martin. Diese Autos wurden für die leidenschaftlichsten Autoliebhaber gebaut und werden bei Platinum Cars angeboten.

Das Firmenmotto „A Passion for Passion" („Eine Leidenschaft für Leidenschaft") sagt dabei eigentlich alles. First- Class ist auch die Betreuung durch das Team von Platinum Cars. Über die elegant gestaltete Webpräsenz sind die Händler einfach zu erreichen und gehen unvergleichlich engagiert auf Ihre Kundenwünsche ein.

Natürlich ist dabei nicht zu leugnen, dass die Preise nicht für jeden Geldbeutel geeignet sind. Aber bei einem soliden Einkommen, besteht die Chance von einer KFZ-Bank einen Kredit mit niedrigen Zinsen zu bekommen. Und daneben sind diese Wagen auch eine starke Wertanlage.

Schlusswort

Wenn Sie sich auf die Suche nach einem individuellen Traumwagen zu Rekordpreisen begeben, dann scheint diese Suche zunächst völlig unübersichtlich und es tut sich ein Misstrauen gegenüber dem günstigen Preis auf. Aber die, in den letzten Kapiteln beschriebenen, 7 Wege zu einem Rekordpreisnachlass sind ein realistischer Weg. Wer die aufgeführten Ratschläge und Hinweise befolgt entgeht auch den benannten Risiken.

Wer seinen Traumwagen nicht unbedingt besitzen, sondern „nur" fahren will, für den bietet sich Leasing zu niedrigen Raten an. Um von den niedrigen Listenpreisen und moderaten Steuern zu profitieren, greift man auf den EU-Reimport zurück. Amerikanische Luxuskarossen und hochtechnisierte Fahrzeuge zu Rabatten bis zu 40 Prozent bietet der Import aus den USA. Natürlich können Sie auch Ihren alten Gebrauchtwagen zu Geld machen oder für tolle Rabatte in Zahlung geben. Eine eventuelle aufwendige Verschrottung oder Weitervermittlung sparen Sie sich. Mit den Verhandlungsstrategien im Kapitel über Rabatte, können Sie sich als raffinierter, harter Verhandlungspartner selbst einen niedrigen Preis herbei feilschen.

Oder Sie greifen auf die weltgrößte Informationsquelle und die riesigen Händlerdatenbanken des Internets zurück. Profitieren Sie von allen Rabattvarianten, die es auf dem Markt gibt, per weniger Mausklicks.

Und wenn Ihnen alle diese Vorgehensweisen zu umständlich und unübersichtlich sind, dann engagieren Sie gegen eine geringe Provision einfach eine seriöse Autoagentur, als starken Partner an Ihrer Seite. Wie Sie auch vorgehen. Wer sparen will, der findet einen für sich passenden Wert.

Autor KD. Witzel

Besser Leben

Titel aus dieser Serie

Traumwagen zum Einkaufspreis Band 1	ISBN-10: ISBN-13:	1502357135 978-1502357137
Der große Astrologie-Ratgeber Band 2	ISBN-10: ISBN-13:	1502365987 978-1502365989
Der Weg zum Traumjob Band 3	ISBN-10: ISBN-13:	1502365995 978-1502365996
Der Weg zur Traumfigur Band 4	ISBN-10: ISBN-13:	1502366002 978-1502366009
First Class fliegen zum Economy-Tarif Band 5	ISBN-10: ISBN-13:	1502366010 978-1502366016
Privatpatient 1 Klasse zum GKV-Preis Band 6	ISBN-10: ISBN-13:	1502366037 978-1502366030

www.ingramcontent.com/pod-product-compliance
Lightning Source LLC
Chambersburg PA
CBHW060210290526
45789CB00003B/1229